उड़ती पतंग

(माता-पिता और शिक्षकों के लिए उपयोगी)

दीपक गोस्वामी 'चिराग'

डायमंड बुक्स

www.diamondbooks.in

प्रकाशक : डायमंड पॉकेट बुक्स (प्रा.) लि.
X-30 ओखला इंडस्ट्रियल एरिया, फेस - II
नई दिल्ली- 110020
फोन : 011-40712200
ई-मेल : wecare@diamondbooks.in
वेबसाइट : www.diamondbooks.in
संस्करण : 2025

Udti Patang
by : *Deepak Goswami 'chirag'*

पुरोवाक्

उड़ती पतंग: एक सार्थक उड़ान

सुकवि श्री दीपक गोस्वामी ने अनेक काव्यकृतियों का सृजन करने बाद गद्य विधा में 'उड़ती पतंग' नामक कृति की रचना की है, जो हिन्दी साहित्य के लिए एक अनमोल उपहार है। मानव-जीवन में वैयक्तिक स्वातंत्र्य और सामाजिक अनुशासन के बीच सामंजस्य की समस्या का सम्यक विश्लेषण करते हुए इस कृति में शिक्षा-प्रणाली का एक अप्रतिम लोक मंगलकारी युगीन प्रारूप प्रस्तुत किया गया है।

आपके गद्य-लेखन में काव्य-तत्वों का सहज समावेश उसकी सम्प्रेषणीयता में अभिवृद्धि करते हुए विशिष्ट लालित्य की उद्भावना करता है। सटीक उपमान विधान का प्रयोग करते हुए आप कहते हैं, **''मानव जीवन भी एक उड़ती पतंग की भाँति ही है, जहाँ एक ओर स्वतंत्रता का मुक्ताकाश अत्यावश्यक है, तो वहीं दूसरी ओर उसे अनुशासन रूपी डोर से तानना या साधना भी अत्यंत महत्वपूर्ण है। इन दोनों साधनों के संतुलन द्वारा ही जीवन रूपी पतंग सहजता से उड़ती रहेगी और नव-नव सोपान को स्पर्श करेगी।''** स्वतंत्रता के प्रति संकुचित दृष्टिकोण के निषेध के साथ आपने व्यापक दृष्टिकोण को कुछ इस प्रकार इंगित किया है –

''मानवीय मूल्यों, सामाजिक आकांक्षाओं को ध्यान में रखकर उचित कर्म करने की स्वतंत्रता ही सच्ची स्वतंत्रता है।'' आपके शब्दों में व्यापक सन्दर्भ में **''मनुष्य का देश-काल परिस्थिति को ध्यान में रख कर किया गया कार्य ही अनुशासन का रूप धारण कर लेता है''**, जबकि शिक्षा के सन्दर्भ में **''अनुशासन के द्वारा बालक की मूल प्रवृत्यात्मक इच्छाओं व आवेगों का परिमार्जन करके ऐसी आदतों तथा गुणों का विकास किया जा सकता है, जिसके अनुसार उसका व्यवहार समाज द्वारा स्वीकृत मानदंड के अनुसार हो जाये।''** स्वतंत्रता और अनुशासन में समन्वय की विस्तृत सार्थक विवेचना करते हुए आपने दमनात्मक अनुशासन, प्रभावात्मक अनुशासन, मुक्त्यात्मक अनुशासन और सामाजिक अनुशासन के सिद्धांतों की सर्वांगीण व्याख्या की है जिसमें आपकी गहन अध्ययनशीलता का वरेण्य प्रतिबिम्ब उभर कर सामने आता है।

आज समाज में और विशेषतः शिक्षा के क्षेत्र में अनुशासनहीनता की समस्या बहुत ही गंभीर है। इस समस्या के व्यक्तिगत या पारिवारिक, शैक्षिक, सामाजिक, राजनैतिक और मनोवैज्ञानिक कारणों का सटीक विवेचन इस पुस्तक में किया गया है। वह शिक्षार्थियों शिक्षकों और शिक्षाविदों के पठनीय और उपादेय है। छात्रों को अनुशासित रखने के लिए कृतिकार ने सुझाव दिए हैं, जो व्यक्तिगत अनुभव, वृहद् अध्ययन और गहन चिंतन का प्रतिफल प्रतीत होते हैं। यदि इन सुझावों का विद्यालयों में विधिवत अनुशीलन किया जाये तो मेरा विश्वास है कि अनुशासनहीनता की समस्या का निराकरण करने में आशातीत सफलता प्राप्त होगी।

कृति में प्रतिपाद्य की व्याख्या को प्रामाणिक और प्रभावशाली बनाने के लिए आपने स्थान-स्थान पर दार्शनिकों और शिक्षाविदों के समुचित उद्धरणों का प्रस्तुत किया है तथा कथ्य को सुग्राहय बनाने के विविध प्रेरक कथाओं, कथानकों और कविताओं का समावेश किया है। इस सबके ऊपर आपकी अपनी मौलिक रचनात्मक, विचारणा का वर्चस्व है।

कृति का उपसंहार करते हुए आप प्रतिपादित करते हैं कि **'स्वतन्त्रता'** और **'अनुशासन'** छात्र रूपी पतंग के लिए मुक्ताकाश और डोर की तरह हैं जिनमें एक के बिना दूसरा महत्वहीन है। दोनों का महत्व इनके उचित समन्वय में ही छिपा हुआ है।

कृति की भाषा आडम्बरमुक्त सरल सुबोध हिन्दी है जिसमें यथावश्यक विषय को सुग्राहय बनाने के लिए इतर भाषाओं के लोक प्रचलित शब्दों का स्वाभाविक समावेश भी हुआ है।

समग्रतः समर्थ लेखक दीपक **गोस्वामी 'चिराग'** प्रणीत कृति **'उड़ती पतंग'** शिक्षा-जगत के लिए एक अनमोल उपहार है तथा समाज के स्वर्णिम भविष्य के लिए एक सार्थक उड़ान है। यदि इसे विद्यालयों और विश्वविद्यालयों के पाठ्यक्रम में सम्मिलित किया जाता है तो यह निश्चित रूप से देश की भावी नागरिकों के निर्माण में सहायक सिद्ध होगी। कृति एवं कृतिकार के लिए मेरी अशेष शुभकामनाएँ

आचार्य ओम नीरव

संस्थापक अध्यक्ष, अखिल भारतीय कवितालोक सृजन संस्थान लखनऊ।

इंडिया बुक ऑफ अवाईस से अचीवमेंट अवार्ड धारक।

616/पी-14, सेमरा गौंड़ी,आईआईएम रोड, लखनऊ - 226013

चलभाष - 8299034545

'उड़ती पतंग' में विचारों का पुष्कल औदात्य

वर्तमान युग विज्ञान और तकनीकी परिज्ञान से सुसम्बद्ध है। जीवन में गति-प्रगति की सम्भावना का उत्स विज्ञान द्वारा ही सम्भव है। **'विज्ञान'** शब्द विशिष्ट ज्ञान का बोधक है, जिसमें नवनवोन्मेषशालिनी प्रज्ञा भासामान होती है। जब विशिष्ट ज्ञान साधारणीकृत होकर जनमानस से तादात्म्य स्थापित कर लेता है, तब वह **'ज्ञान'** कहा जाता है। पहले-पहल जब पहिए का आविष्कार हुआ, तब उस अविष्कार को विज्ञान की श्रेणी में परिगणित किया गया। आज पहिया बनाना **'विज्ञान'** नहीं है, अपितु 'ज्ञान' है। कहने का अभिप्राय यह है कि जीवन-पथ की सर्जना में ज्ञान-विज्ञान दोनों का विशिष्ट योगदान है।

जब कोई विचारशील अध्येता चिन्तन-मनन की उत्क्रान्तियों से शिक्षा ग्रहण कर लेखन में रमणीय अर्थ की प्रतीति कराता है, तो उसका लेखन समाज सापेक्ष होता है। **दीपक गोस्वामी 'चिराग'** कवि होने के साथ-साथ लेखक भी हैं, जो उनके सर्जन का पुष्कल प्रमाण है। पेशे से शिक्षक होना और विचारक की शैली में आर्जव के साथ लेखन करना, कोई आसान काम नहीं है। **'उड़ती पतंग'** पुस्तक में दीपक गोस्वामी ने विद्यार्थियों को ध्यान में रखकर 'अनुशासन' और **'स्वतन्त्रता'** के महत्व को प्रतिपादित किया है।

'स्वतन्त्रता' शब्द की संकुचित अर्थ-परिधि को त्याग कर लेखक ने स्वतन्त्रता के विस्तृत स्वरूप का निरूपण किया है। इसी प्रकार **'अनुशासन'** शब्द के विस्तृत भाव–बोध को समझाते हुए अनुशासन के विविध सिद्धांतों पर भी लेखक ने दो टूक राय व्यक्त की है। पाश्चात्य दार्शनिकों से प्रभावित होते हुए भी **'चिराग'** गोस्वामी तुलसीदास की कारयित्री प्रतिभा से अभिभूत हैं। **'उड़ती पतंग'** में समन्वयवादी दृष्टिकोण का समावेश है। **'एडम्स', 'रूसो', 'प्लेटो'** का समर्थन करने वाले **'चिराग' 'रामचरितमानस'** और **'श्रीमद्भागवत गीता'** की ओर भी उन्मुख हुए हैं।

मेरा स्पष्ट मत है कि एडम्स की पुस्तक Modern Development in Educational Practice का प्रभाव लेखक पर सर्वाधिक है। लेकिन 'चिराग' ने अनुशासन को व्यापक

ढंग से समझाने के लिए भारतीय दार्शनिकों के विचारों का भी समावेश किया है। लेखक ने महर्षि पतंजली , जैन दर्शन, बौद्ध दर्शन, आर्य समाज आदि के दार्शनिक विचारों को भी पाठकों के समक्ष रखने का प्रयास किया है। लेखक ने समन्वयवादी दृष्टिकोण को ही अपना आधार माना है। पाठकों को उड़ती पतंग चिन्तन के लिए अवश्य उत्प्रेरित करेगी, ऐसा मुझे विश्वास है। कृति एवं कृतिकार को मेरी असीम मंगलकामनाएँ हैं।

डॉ. राजेश कुमार
एसोशिएट प्रोफेसर हिन्दी,
सेठ फूलचन्द बागला (पी.जी.) कालेज,
हाथरस - 204101 (उ.प्र.)
मो. 9897172160
E-mail id : rajeshkumarhindi1970@gmail.com

आत्मानुशासन का दर्पण है 'उड़ती पतंग'

साहित्य के नाम पर लिखी और प्रकाशित करा कर बाजार में परोसी जाने वाली पुस्तकों की कोई कमी नहीं है। परन्तु उनमें ऐसा बहुत कम है जो सहृदय पाठक को आकर्षित कर सके, अभिप्रेरित कर लाभान्वित कर सके।

बहजोई (सम्भल) निवासी सुप्रतिष्ठित रचनाकार श्री **दीपक गोस्वामी 'चिराग'** जो एक कुशल व सम्वेदनशील शिक्षक के रूप में पर्याप्त ख्याति अर्जित कर चुके हैं, अब साहित्य साधक के रूप में अपनी पुस्तक **'उड़ती पतंग'** के माध्यम से हमारे समक्ष उपस्थित हैं, जिनका अभिप्रेत प्रदर्शन नहीं वरन दर्शन रहता है। समाज की विद्रूपताओं के तमस को चीरती हुई उनकी पंक्तियाँ देखिए-

जमाने की कैसी ये रफ्तार है।
बना प्यार देखो जी व्यापार है।
लहू को पिला कर जो पोसा कुँवर,
क्यों देता वो माता को दुत्कार है।

जो भौतिक बाह्याडंबरों से विलग रहकर संघर्षपूर्ण जीवन में संवेदनाओं की अतल गहराई तक नहीं पहुँचेगा वह भला ऐसी मर्मस्पर्शी अभिव्यक्ति कैसे दे सकता है। ऐसा साधक पद्य लिखे या गद्य, सब में उसकी सोच का वौराट्य और अनुभूति का प्राकाम्य समाविष्ट हो ही जाता है।

'उड़ती पतंग' का मूल विषय छात्र की स्वतंत्रता और अनुशासन बद्धता है। जिसमें दोनों के समन्वय पर विशेष बल दिया गया है। लेखक ने अपनी भूमिका में स्वयं लिखा है। **''छात्र जीवन डोर से उड़ती हुई पतंग की भाँति है। जहाँ एक ओर स्वतंत्रता का मुक्ताकाश आवश्यक है, तो वहीं दूसरी ओर उसे अनुशासन रूपी डोर से खींचना या साधना भी उतना ही महत्वपूर्ण है। इन दोनों साधनों के सन्तुलन द्वारा ही छात्र रूपी पतंग सहजता से उड़ती रहेगी और नित नव शिखर को स्पर्श करेगी।''**

'उड़ती पतंग' मानवीय सम्वेदनाओं में पगी, उनके बहुआयामी चिन्तन से युक्त एक ऐसी प्रस्तुति है जो छात्रों, शिक्षकों, अभिभावकों एवं शिक्षा जगत से जुड़े सभी व्यक्तियों को आकर्षित एवं प्रभावित करेगी।

पुस्तक में कुछ स्थानों पर एक ही कथन की पुनरावृत्ति की गयी है। ऐसे गुरुतर उपदेशात्मक कार्यों में पुनरूक्तियों का होना स्वाभाविक होता है। शुक्ल यजुर्वेद संहिता के उव्वर भाष्य में आया है।

संस्कारोज्ज्वनार्थं हितं च पथ्यं च पुनः।
प्रनरूप दिश्यमानं न दोषाय भवतीति।।

संस्कारों को उद्बुद्ध करने के उद्देश्य से हित तथा पथ्य की बात का बार–बार उपदेश करने में कोई दोष नहीं है।

अनेकानेक ग्रन्थों के अध्ययन, मनन एवं चिन्तन से प्रसूत नवनीत के रूप में जो पाया है उसे ही अपने शब्दों की चाशनी में लपेट कर सुधी पाठकों तक पहुँचाने का प्रयास है – **'उड़ती पतंग'**

अनुशासन के प्रकार, अनुशासनहीनता के कारण एवं सुधार के उपायों का वृहद् विश्लेषण करके आदर्श शिक्षक के दायित्वों का भी सम्यक निरूपण किया गया है।

पुस्तक की भाषा सरल, सुबोध तथा सुग्राह्य है। उपदेशात्मक शैली के साथ-साथ गवेष्णात्मक शैली के प्रयोग से उसमें शोधपरक व्याख्यान जैसी गतिशीलता भी दृष्टि गोचर होती है। पुस्तक के विषय में मेरा कथन है –

जो छात्र आज कल का है, उड़ती पतंग है।
वह जा रही किस ओर है, यह देखना भी है।।
आकाश खुला चाहिए, उसकी उड़ान को।
हाथों में किसके डोर है, यह देखना भी है।।

यहाँ **मुक्ताकाश में उड़ना** उसकी **स्वतंत्रता** का प्रतीक है और **हाथों की डोर** से उसे नियंत्रित करना **अनुशासन** है।

विद्वान लेखक ने गीता, रामायण के उदाहरण देकर अपने विचारों को तर्क सम्मत रूप में प्रस्तुत किया है। साथ ही जैन दार्शनिकों तथा पाश्चात्य विद्वानों के विचार प्रस्तुत कर विषय को भली-भाँति समझाने का भी हृदयग्राही प्रयास किया है। कछुआ-खरगोश तथा सुर-असुरों की लघुकथाओं से स्पष्ट किया है कि केवल छात्रों के लिए ही नहीं वरन् सभी के लिए आत्मानुशासन नितान्त आवश्यक है। सूर्य, चन्द्रमा और पृथ्वी के माध्यम से भी समझाया गया है कि प्रकृति के कण-कण में भी अनुशासन की झलक मिलती है, तभी

तो दिन-रात और ऋतु परिवर्तन सम्भव हो पाते हैं। छड़ी घुमाने वाली घटना भी लेखक की मौलिक सोच का परिचय देती है। येन-केन प्रकारेण अपने विचारों को रोचक ढंग से अभिव्यक्त कर पाठकों को बाँधे रखने में भी 'चिराग' सफल रहे हैं। प्रारम्भ से अन्त तक कहीं भी लेखक ने नीरसता व उबाऊपन की स्थिति नहीं आने दी है। पूरी पुस्तक को एक बार में ही सुलभता से पढ़ा जा सकता है। ऐसी सारगर्भित प्रस्तुति के लिए लेखक की जितनी प्रशंसा की जाए कम है।

संक्षेप में यही कहा जा सकता है कि यह पुस्तक रचनाकार के शिक्षक के रूप में स्वयं की जीवनानुभूतियों की मुखर अभिव्यक्ति है।

मेरी अनन्त शुभकामनाएँ ऐसे समाजोपयोगी समर्पण के प्रति सदैव रही हैं और आज भी हैं ....

रूपकिशोर गुप्ता
(वरिष्ठ साहित्यकार एवं समीक्षक)
पूर्व प्रान्तीय मार्ग दर्शक संस्कार भारती, मेरठ प्रान्त
गोला गंज बहजोई (सम्भल)–244410
मो. 9368218205

आत्म निवेदन

आपने अक्सर आकाश में उड़ती हुई रंगबिरंगी पतंग तो देखी होगी। यह रंगबिरंगी पतंग हमारे मन को आकर्षित करती है। कभी आकाश चूमती है तो कभी धरती की गोद में गोते लगाती है, इतना नीचे आ जाती है कि उसे पकड़ने का मन होता है। सचमुच यह पतंग भी परिन्दे की भाँति आकाश में विचरती है। कभी–कभी मन होता है कि काश! हम भी पतंग की भाँति उड़ पाते। क्या कभी आपने विचार किया है कि यह निर्जीव पतंग आकाश में कैसे उड़ पाती है? जबकि परिन्दों के पंखों से छूटे हुए छोटे-छोटे 'पर' (लगभग भारहीन होकर भी) नीचे आ गिरते हैं।

मित्रों!, पतंग के उड़ने के लिए दो साधन की आवश्यकता होती है, प्रथम मुक्ताकाश यानी विस्तृत खुला स्थान और द्वितीय–पतंग से बँधी तनी हुई डोरी। इन दोनों में से यदि एक भी अनुपस्थित हो तो पतंग की सहज उड़ान सम्भव नहीं।

इस प्रकार मानव जीवन भी एक ''उड़ती पतंग'' की भाँति ही है, जहाँ एक ओर स्वतंत्रता का मुक्ताकाश अत्यावश्यक है, तो वहीं दूसरी ओर उसे अनुशासन रूपी डोर से तानना या साधना भी अत्यन्त महत्वपूर्ण है। इन दोनों ही साधनों के संतुलन के द्वारा ही जीवन रूपी पतंग सहजता से उड़ती रहेगी और नव-नव शिखरों को स्पर्श करेगी।

इस पुस्तक में मैंने यही समझने और समझाने का प्रयास किया है। इस प्रयास में मैं कहाँ तक सफल हो पाया हूँ। यह तो आपकी प्रतिक्रियाएँ ही निर्धारित करेगी। इस कृति के परिमार्जन एवं भूमिकाओं के लिए मैं गुरु द्वय श्री रूपकिशोर गुप्ता, आचार्य ओमनीरव एवं आदरणीय अग्रज डॉ. राजेश कुमार जी को हृदय तल से कृतज्ञता ज्ञापित करता हूँ।

इस कृति के प्रकाशन में श्रद्धेय माता-पिता श्रीमती विमला देवी-श्री राममूर्ति नाथ सहधर्मिणी श्रीमती अनुराधा गोस्वामी, दुहिता कु. वंशिका गोस्वामी, भतीजे वंश गोस्वामी के योगदान को विस्मृत नहीं किया जा सकता। मैं इनके प्रति अपना स्नेहपूर्ण आभार व्यक्त करता हूँ। कृति पर आप सुधी पाठकों, आलोचकों के अभिमत की प्रतीक्षा रहेगी।

दीपक गोस्वामी 'चिराग'

शिव बाबा सदन, कृष्णा कुन्ज, बहजोई (सम्भल)

244410, मो. 9548812618, 8958528718

E-mail: deepakchirag.goswami@gmail.com

अनुक्रमणिका

प्रस्तावना

यह जीवन भी एक प्रकार से संगीत है, जिसमें दो स्वर स्पष्ट रूप से बजते रहते हैं, और जब वे विभिन्न तालों में राग बदलते हैं, तो बोध होता है कि मनुष्य की अंतरिक शक्तियाँ यथा शारीरिक और मानसिक, बौद्धिक और काल्पनिक, सृजनशीलता और अंतर्बोध आदि का विकास हो रहा है।

इस जीवन रूपी संगीत का पहला स्वर स्वतंत्रता का है, स्वतंत्र होने की अभिलाषा किसी भी जीव के अन्तर्मन में स्वतः स्फूर्त, सहजता से उत्पन्न होती है, जो पूर्णता और सामंजस्य प्राप्त करना चाहती है। उसमें महत्वाकांक्षा और सृजन के भाव तो होते ही हैं, और यदि एक शब्द में कहें तो आत्म ज्ञान की उत्कंठा रहती है। अण्डे के फूटने के बाद, पक्षी का लघु शिशु भी अपने कोमल पंखो की परीक्षा करने लगता है, फिर प्रयास करके धीरे–धीरे उड़ना सीखता है, फिर मुक्त भाव से मँडराता है। अन्त में वह अपना अलग नीड़ भी बनाता है। इसी तरह से एक मानव शिशु भी धीर-धीरे माँ की गोद से मुक्त होना चाहता है, कुछ समय बाद मुक्त भाव से धरती पर क्रीड़ा करता है, इठलाता है, झूमता–गाता है। जब कुछ और बड़ा होता है, तो अपना अलग सामाजिक अस्तित्व भी बनाता है। अतः यह दृष्टि गोचर होता है कि स्वतंत्रता किसी प्राणी की जन्मजात प्रवृत्ति है।

इस जीवन रूपी संगीत का दूसरा स्वर अपेक्षाकृत कठोर है। इसमें अनुशासन और आंतरिक आत्म नियंत्रण अपेक्षित है। वस्तुओं का ज्ञान उनके यथार्थ रूप में होना चाहिए न कि अपने मन के अनुसार। मन के द्वारा ही मजबूर होकर एक परवाना (पतंगा) जलती हुई शम'अ (मोमबत्ती) को सुंदर पुष्प समझ कर उसको छूता है, और छूते ही अपने जीवन से हाथ धो बैठता है। कवि फ्रास्ट ने इसे ''कठिनाई का आकर्षण'' कहा है। आत्मानुशासन, आत्म जिज्ञासा और आत्म निष्ठा की भावना मनुष्य के विवेक पूर्ण चिन्तन, निर्णय और जीवन की परख में होती है।

अनुशासन मनुष्य में सद्भाव का प्रेरक, विनय और शील का सृष्टा और स्वेच्छाचारिता का शत्रु होता है। जिस प्रकार श्रेष्ठ चरित्र के बिना जीवन शून्य है। (When Character is lost everything is lost)

आत्म संयम या अनुशासन के बिना हम चरित्र निर्माण में सफल नहीं हो सकते। भगवान राम, कृष्ण, बुद्ध, महावीर, गुरुनानक, गुरु गोविन्द सिंह सभी का जीवन प्रारम्भ से ही आत्म संयम की भित्ति पर अवस्थित रहा है। इस प्रकार उन्नतिशील समाज के निर्माण के लिए श्रेष्ठ चरित्र और श्रेष्ठ चरित्र के लिए अनुशासन अत्यन्त आवश्यक है।

इस प्रकार हम देखते हैं कि जवीन में स्वतंत्रता की आनंद प्रदायिनी कोमल भावना और अनुशासन की कठोर नियमबद्धता में उचित सन्तुलन आवश्यक है। ताकि वे एक-दूसरे को नष्ट न कर सकें।

स्वतंत्रता

एक बार एक साहब समुद्र के किनारे प्रातः भ्रमण कर रहे थे। प्रातः काल का मनोरम मौसम था। शीतल मंद पवन बह रही थी। साहब के हाथ में एक छड़ी थी, वो साहब अपने हाथ में पकड़ी छड़ी को बड़ी मस्ती में चारों ओर घुमाए जा रहे थे। यकायक उनकी छड़ी सामने से आते एक सज्जन की नाक से जा टकराई। वे सज्जन उन साहब से बड़े रोष में बोले–''आपको जरा भी तमीज नहीं है, क्यों इस तरह बेतरतीब छड़ी घुमाए जा रहे हो? पता है यह मेरी नाक पर लगी है।'' तो उन छड़ी घुमाने वाले साहब ने बड़े रौब से जबाब दिया– ''मैं एक स्वतंत्र देश का स्वतंत्र नागरिक हूँ, तथा यह मेरी छड़ी है मुझे इसे घुमाने का पूरा अधिकार है।'' इस पर उन सज्जन ने उत्तर दिया-''श्रीमान जी'' आपकी छड़ी घुमाने की स्वतंत्रता उसी बिन्दु पर खत्म हो जाती है, जहाँ से मेरी नाक शुरू होती है।

क्या इस लघु कथा में, इन छड़ी वाले साहब की स्वतंत्रता के प्रति समझ या बोध को उचित ठहराया जा सकता है? कदापि नहीं इनका ज्ञान स्वतंत्रता के विषय में अधूरा है, अपूर्ण है संकुचित है।

आइए स्वतंत्रता को समझाने का प्रयास करते हैं। 'स्वतंत्रता' शब्द तीन शब्दांशों, स्व+तंत्र+ता से मिलकर बना है। 'स्व' का अपना हमारा, हम सबका, तंत्र का अर्थ होता है – नियम या विधान और 'ता' एक प्रत्यय है। इस प्रकार स्वतंत्रता का अर्थ स्व के अधीन होना या अपनी इच्छा के अधीन रहना है। परन्तु इसका यह आशय कदापि नहीं है कि सभी प्रकार के मानवीय मूल्यों, विधानों, समाज स्वीकृत आदर्शों की उपेक्षा की जाए। हमें कभी भी कोई भी ऐसा व्यवहार नहीं करना चाहिए, जो अन्य व्यक्तियों की स्वतंत्रता में बाधक हो। स्वतंत्रता कभी भी स्वछंद नहीं हो सकती। आइए अब यह जानने का प्रयास करते हैं कि स्वतंत्रता का अर्थ स्वछन्दता से किस प्रकार अलग है।

संकुचित दृष्टि कोण में स्वतन्त्रता

एक फिल्मी गीत के बोल हैं "मैं चाहे ये करूँ, मैं चाहे वो करूँ, मेरी मर्जी।" वर्तमान काल में स्वतंत्रता का पर्याय स्वछन्दता यानी निरंकुशता को ही मान लिया गया है। संकुचित अर्थ में स्वछन्दता को ही स्वतंत्रता मान लिया जाता है। छात्र के सन्दर्भ में यह स्वछन्दता ही धीरे-धीरे निरंकुशता बन जाती है।

जब छात्र अबोध होता है, उसे अपने भले-बुरे का ज्ञान नहीं होता है। उस समय यदि छात्र की रुचियों, आवेगों की लगाम ढीली छोड़ दी जाएगी तो वह अधिकारों का प्रयोग करना ही स्वतंत्रता समझेगा, चाहे वे उचित हों या अनुचित। जब तक छात्र को कुछ उत्तरदायित्व नहीं सौंपे जाएंगे तब तक छात्र उच्छृंखल व निरंकुश ही रहेगा। यह स्वच्छन्दता तो आधी अधूरी स्वतंत्रता कहलाएगी। यह छात्र के हृदय में स्वार्थपरता की भावना का बीजारोपण ही करेगी। तब एक छात्र अपनी स्वार्थ सिद्धि के लिए समाज विरोधी कृत्य भी कर सकता है। जैसा कि वर्तमान परिवेश में बहुतायत में देखने को मिल रहा है। किशोरों द्वारा छोटी-छोटी बच्चियों का बलात्कार, छोटे बच्चों का फिरोती के लिए अपहरण, अपने या दूसरों के घर, दुकान में लूटपाट और चोरी आदि घटनाओं को हम अक्सर अखबारों की सुर्खियाँ बनते देखते हैं। धन-जायदाद के लिए अपने ही परिजनों को मौत के घाट उतार देना आज आम बात हो गई है।

यदि हम चाहते हैं कि आज का छात्र उक्त घटनाओं में सहभागी न बने तो हमें उसको 'स्वतंत्रता' का व्यापक या सार्वभौमिक अर्थ समझना होगा।

व्यापक दृष्टि कोण में स्वतंत्रता

व्यापक अर्थ में स्वतंत्रता, मन,मस्तिष्क तथा व्यवहार का स्वच्छ विस्तार है। मानवीय मूल्यों, सामाजिक आदर्शों, सामाजिक आकांक्षाओं को ध्यान में रख कर उचित कर्म करने की स्वतंत्रता ही सच्ची स्वतंत्रता है।

प्रारम्भ में दी गई छड़ी वाली लघु कथा से सच्ची स्वतंत्रता का जो मूल सिद्धान्त समझ में आता है वो है – ''जीओ और जीने दो'' (live and let live) स्वतंत्रता ऐसी होनी चाहिए, जो दूसरों की स्वतंत्रता को सुरक्षित रख सके अर्थात व्यक्ति को अपनी स्वतंत्रता का आनन्द लेते हुए यह भी आवश्यक रूप से ध्यान रखना चाहिए कि उसका यह आनन्द अन्य किसी व्यक्ति की स्वतंत्रता का हनन तो नहीं कर रहा है। यथा – परीक्षाकाल में किसी को भी अपने पारिवारिक उत्सव में तेज आवाज में डी.जे. बजाने को क्या आप उसके स्वतंत्रता का अधिकार मानकर उचित ठहरा सकते हैं? यह एक विचारणीय प्रश्न है।

बालक को स्वतंत्रता के वास्तविक एवं व्यापक अर्थ का बोध कराएँ ताकि बालक यह देख सके कि अन्य व्यक्ति को भी चिन्तन, मनन व कार्य करने का उतना ही अधिकार प्राप्त है जितना कि स्वयं उसको। आइए स्वतंत्रता के महत्व को और विस्तार से समझते हैं।

स्वतंत्रता का महत्व

गुरुदेव रवीन्द्र नाथ ठाकुर ने अपनी नोबेल पुरस्कार प्राप्त चर्चित कृति गीतांजलि में स्वतंत्रता के जिस स्वर्ग की कल्पना की है। उसमें व्यक्ति का मन भय मुक्त है। जहाँ भय है वहाँ सुख नहीं है। मानस के प्रणेता महाकवि गोस्वामी तुलसीदास ने भी कहा है - ''पराधीन सपनेहु, सुख नाहिं।'' एक पिंजरे में बंद निरीह पक्षी की चाह भी खुले आकश में मुक्त भाव से विचरण की होती है। भारत के संविधान निर्माताओं ने भी स्वतंत्रता को महत्व देते हुए स्वतंत्रता को मूल अधिकारों में सम्मिलित किया गया है।

- Article 19 - Right to Freedom of Speech
- अभिव्यक्ति की स्वतंत्रता का अधिकार
- Article 25 - Right to Freedom of Religion
- धार्मिक स्वतंत्रता का अधिकार
- Article 28 - Right to Freedom to attend at religious
- worship in certain educational institution
- **शिक्षण संस्थाओं में धार्मिक उपसना में उपस्थित रहने की स्वतंत्रता का अधिकार**

जैसा कि पूर्व में भी कहा गया है कि स्वतंत्रता की भावना व्यक्ति के मन में पहले पहल पनपती है जैसे–जैसे वह बड़ा होता जाता है, वैसे–वैसे और बलवती होती जाती है। स्वतंत्रता एक छात्र के सर्वांगीण विकास में अत्यन्त महत्वपूर्ण भूमिका अदा करती है। इसके बिना बालक के अंदर रुचियों, आवेगों, उसकी नैतिक, शारीरिक, मानसिक, कलात्मक, सौन्दर्यात्मक शक्तियों का विकास नहीं हो सकता। महान प्रकृतिवादी दार्शनिक रूसो ने अपने प्रसिद्ध ग्रन्थ Emile and education में लिखा है– ''बालक की नैसर्गिक प्रवृत्तियों, अभिव्यक्तियों को स्वतंत्रता पूर्वक विकसित किया जाना चाहिए।'' यह देखा जाता है कि जब बालक को स्वतंत्र वातावरण दिया जाता है तब वह कुछ न कुछ कार्य अवश्य करता है। वह यह कार्य खेल–खेल में अत्यन्त प्रसन्नचित्त होकर करता है। इससे उसमें सृजनशीलता, कर्तव्य परायणता तथा निडरता आदि सद्गुणों का विकास होता है। आइए अब हम इस जीवन रूपी संगीत के दूसरे स्वर को जानने का प्रयास करते हैं।

अनुशासन

गीता में योगेश्वर श्री कृष्ण कहते हैं – **"यो यच्छ्रद: स: एव स:"** अर्थात व्यक्ति की जैसी श्रद्धा होती है, वह वैसा ही होता है। एक दोहे में भी यही कहा गया है –

मुख, श्रवण, दृग, नासिका, सब ही के इक ठौर।
हँसिबो, सुनिबो, बोलिबो, चतुरन को कुछ और ॥

यहाँ पर चतुर व्यक्ति का आशय गुने व्यक्तित्व अर्थात अनुशासित व्यक्ति से ही है। मनुष्य को एक सामाजिक प्राणि इस कारण ही कहा जाता है क्योंकि वह हर कार्य मर्यादित व अनुशासित ढंग से ही करता है। वास्तव में मनुष्य का देश–काल–परिस्थिति को ध्यान में रख कर किया गया कार्य ही अनुशासन का रूप धारण कर लेता है।

अनुशासन शब्द 'अनु' और 'शासन' इन दो शब्दों से मिलकर बना है। 'अनु' एक उपसर्ग है जिसका अर्थ है पश्चात या साथ, 'शासन' का अर्थ है नियम या विधान। इस प्रकार अनुशासन का अर्थ है – ''हम जिस स्थान पर रह रहे हैं, देश काल परिस्थिति के अनुसार, वहाँ के जो नियम और विधान हैं जो सामान्य स्वीकृत आचार-व्यवहार हैं, उनका उचित ढंग से पालन करना। साधारणतया व्यवस्था को ही अनुशासन का पर्यायवाची मान लिया जाता है। परन्तु यह पूर्णतः अनुचित धारणा है। दर्शनिक हरबर्ट के अनुसार – ''पाठ पढ़ाते समय कक्षा में शान्ति और व्यवस्था बनाए रखना, शिक्षक के प्रति किसी भी प्रकार का असम्मान न होने देना शासन अथवा व्यवस्था है तथा विद्यार्थियों को सुसभ्य, सुसंस्कृत बनाने के लिए स्वभाव पर सीधा प्रभाव डालना प्रशिक्षण तथा अनुशासन है।''

संकुचित दृष्टि कोण में अनुशासन

अनुशासन का संकुचित अर्थ है दण्ड एवं दमन द्वारा बालक की इच्छा को शिक्षक की इच्छा के अनुकूल बनाना ऐसा अनुशासन दमनात्मक हो जाता है। इस दमनात्मक अनुशासन की चर्चा हम आगे भी करेंगे। इस दमनात्मक अनुशासन का आदर्श वाक्य है- "spare the rod, spoil the child" इसमें बालक की मूल प्रवृत्तियों, रुचियों व कोमल भावनाओं को कड़े नियंत्रण में बल पूर्वक दवा दिया जाता है। इसमें बालक के साथ यातना पूर्ण व्यवहार करते हुए, उसे बल पूर्वक एक पूर्व निश्चित ढांचे में ढालने का प्रयत्न किया जाता है। आधुनिक समय में अनुशासन का यह रूप एकदम त्याज्य है। फ्रोबिल, रूसो, हरबार्ट आदि अनेकों दार्शनिकों ने अनुशासन को एक व्यापक अर्थ प्रदान किया।

व्यापक दृष्टि कोण में अनुशासन

अपने व्यापक अर्थ में अनुशासन – ''अपने जीवन का निरूपण करना है।'' अर्थात स्वयं को समझना और जिस परिवेश में रहना है। उस परिवेश को समझना और उसी के अनुसार अपनी अभिवृत्ति निर्माण करने का प्रयास करना है।

यह अनुशासन **Emancipation and Impression** (मुक्ति और प्रभाव) के सिद्धान्तों पर आधारित होता है। यह ध्यान देने योग्य तथ्य है, बच्चे अपने से बड़ों के व्यवहारों, क्रियाकलापों आदि को देखकर ही जीवन व्यवहारों को सीखते हैं।

प्रातः काल उठ कै रघुनाथा। मात-पिता, गुरु नावहिं माथा।।

शिक्षक को अपने छात्रों को ऐसा प्रभाव पूर्ण व्यवहार देना चाहिए। जिससे उनमें आत्म प्रदर्शन एवं स्वतंत्र चिंतन के द्वारा आत्म नियंत्रण (Self Control) तथा आत्म अनुशासन (Self Discipline) आदि गुण पुष्पित एवं पल्लवित हो सकें। छात्रों के लिए गुरुजनों का आदर उनके सद्व्यवहारों का अनुपालन सहपाठियों से मधुर व्यवहार, बुजुर्गों का सम्मान आदि ही अनुशासन है। यह न सिर्फ एक छात्र, शिक्षक और विद्यालय के लिए आवश्यक है वरन् देश व समाज के लिए भी अत्यन्त महत्वपूर्ण है। आइए अब अनुशासन के महत्व को जानने का प्रयास करते हैं।

अनुशासन का महत्व

आपने बचपन में कछुए और खरगोश वाली कहानी अवश्य सुनी होगी। रेस यानी दौड़ प्रतियोगिता का एक नियम या अनुशासन है कि इसमें प्रत्येक प्रतिभागी को तब तक दौड़ना होता है, जब तक वह लक्ष्य स्थान पर न पहुँच जाए। चाहे हार हो या जीत हो, सभी प्रतिभागी अंतिम यानी लक्ष्य स्थान तक ही दौड़ते हैं। इस कहानी में खरगोश ने यह नियम भंग किया और आराम करने लगा, उसे नींद आ गई और वह सो गया और रेस हार गया। वहीं दूसरी ओर कछुए ने इस अनुशासन का गम्भीरता से पालन किया और धीरे–धीरे दौड़ता ही रहा और मंजिल पर पहुँच कर जीत गया। तनिक विचारिये कछुआ भी यह सोचकर कि मैं खरगोश से क्या जीत पाऊँगा, हार मान कर बीच रास्ते में रुक सकता था। किन्तु कछुए ने उस दौड़ प्रतियोगिता में अनुशासन का पालन पूर्ण निष्ठा से किया और यह जान कर भी हार सुनिश्चित है, अनुशासित होकर दौड़ता रहा और जीत गया।

जैन तेरापंथ की साध्वी श्री अशोक अपनी पुस्तक ''मूल्यों का चौराहा'' में लिखती हैं – **''अनुशासन जीवन निर्माण की पहली ईंट है। जैसे बिना ब्रेक की कार चलाना खतरे की घंटी है, उसी प्रकार अनुशासन मुक्त जीवन उससे भी बड़ा खतरा है।''**

जिस प्रकार शरीर को स्वस्थ एवं सुंदर रखने के लिए संतुलित भोजन आवश्यक है। जिस प्रकार बासी व सड़ा-गला भोजन तन–मन के साथ आत्मा को भी अस्वस्थ व कुरूप बना देता है। उसी प्रकार अनुशासन हीनता जीवन व समाज के स्वरूप व आत्मा को विकृत कर देती है। अनुशासन एक बालक के जीवन में संजीवनी के समान कार्य करता है। अनुशासन के द्वारा बालक की मूल प्रवृत्यात्मक इच्छाओं व आवेगों का परिमार्जन करके एसी आदतों तथा गुणों का विकास किया जा सकता है। जिसके अनुसार उनका व्यवहार समाज द्वारा स्वीकृत मानदण्ड के अनुसार हो जाए। इससे यह निष्कर्ष निकलता है कि अनुशासन के द्वारा ही विद्यालय में उन परिस्थितियों को उत्पन्न किया जा सकता है। प्राचीन युग में तो अनुशासन को इतना अधिक महत्व दिया जाता था कि इसे शिक्षा जगत में साधन नहीं अपितु साध्य माना गया। अतः यह आवश्यक है कि छात्र रूपी ''उड़ती पतंग'' का उड़ने के लिए **मुक्ताकाश रूपी स्वतंत्रता** और **डोरी रूपी** अनुशासन के मध्य उचित समन्वय स्थापित हो।

स्वतंत्रता एवं अनुशासन में समन्वय

गीता में एक श्लोक है –

'इतिस्ते ज्ञानाख्यां न गुह्या, गुह्या तरंगया।
विवृश्चैत दशेषेण यथेच्छसि तथा कुरू।''

योगेश्वर श्री कृष्ण पार्थ से कहते हैं – ''मैंने तुमसे अत्यन्त गूढ़ विषय के सम्बन्ध में वार्तालाप किया, तुम्हे सब समझाया। अब तुम्हारी शिक्षा पूर्ण हो गई है, और अब मैं तुम्हारे लिए निम्न आचार संहिता निर्धारित करता हूँ। मैंने जो कहा है उस पर बार–बार विचार करो और सभी दृष्टिकोणों से उसकी परीक्षा करो। इसके बाद जो तुम्हें उचित लगे वही करो। इस हेतु तुम पूर्ण स्वतंत्र हो।'' इस प्रकार उक्त श्लोक में श्री कृष्ण ने अर्जुन को न केवल नीति-शिक्षा दी है, बल्कि उसको स्वतंत्र होकर अनुपालन करने की सलाह भी दी है।

''स्वतंत्रता'' और **"अनुशासन''** जो प्रथम दृष्ट्या एक दूसरे के विरोधी प्रतीत होते हैं वास्तव में वे एक दूसरे के सम्पूरक हैं। **'स्वतंत्रता'** और **'अनुशासन'** दो प्राचीन दार्शनिक सिद्धांतों पर आधारित हैं। स्वतंत्रता जहाँ प्रकृतिवाद की पहली पसंद है, वहीं 'आदर्शवाद' अनुशासन को उच्च्च स्थान देता है। जहाँ स्वतंत्रता का सम्बन्ध वंशानुक्रम (Heredity) से है, वहीं **'अनुशासन'** वातावरण (Atmosphere) से सम्बन्धित है। 'स्वतंत्रता' बालक में वैयक्तिकता (Indivisuality) को प्रोत्साहित करती है, तो 'अनुशासन' व्यक्तित्व (Personality) को निखारता है। जहाँ मनोविज्ञान **'स्वतंत्रता'** का पूर्ण समर्थन करता है। वहीं समाज शास्त्र **'अनुशासन'** को श्रेष्ठ जीवन का आधार मानता है। इन सभी तथ्यों (जो स्वतंत्रता तथा अनुशासन से कहीं न कहीं जुड़े हुए हैं) की अपनी–अपनी महत्ता है। इनसे विमुख होकर न तो हम शिक्षा को सार्थक बना सकते हैं और न ही जीवन को। स्वतंत्रता और अनुशासन का छात्र जीवन में वही महत्व है, जो एक पुष्प के लिए उसके रंग एवं सुगन्ध का है। स्वतंत्र वातावरण में ही अनुशासन स्थापित हो सकता है और अनुशासन की मर्यादा में ही सच्ची स्वतंत्रता निहित है। यह बात हमें प्रकृति भी सिखाती है, प्रकृति में जहाँ एक ओर स्वतंत्र वातावरण देखने को मिलता है, तो वही दूसरी ओर प्रकृति में एक

नैसर्गिक **'अनुशासन'** भी दृष्टि गोचर होता है, यथा-पृथ्वी का सूर्य के परितः परिक्रमण और अपनी धुरी पर घूर्णन, चन्द्रमा का पृथ्वी की परिक्रमा करना आदि। ऐसा प्रतीत होता है कि प्रकृति में भी एक स्वतंत्र वातावरण में आत्मानुशासन सर्वत्र व्याप्त है। इसी अनुशासन के कारण ही दिवस–रात्रि और ऋतु परिवर्तन आदि प्रमुख प्राकृतिक रूपांतरण सहजता से होते रहते हैं। किन्तु आज मानव अपनी अति महत्वाकांक्षा एवं ''अहं ब्रह्मास्मि'' जैसी भावना के द्वारा प्रकृति के स्व–स्फूर्त अनुशासन को भंग करने की घृणित कुचेष्टा कर रहा है। जिससे प्रकृति का संतुलन बिगड़ रहा है। आज विश्व की महाशक्तियाँ एक दूसरे से अधिक शक्तिशाली बनने की प्रतिस्पर्धा में अत्यन्त घातक जैविक एवं रासायनिक हथियार बना रहे हैं। जो मानवता एवं प्रकृति दोनों के लिए ही घातक है। इसके दुष्परिणाम के स्वरूप, अभी कुछ वर्षों पहले ही अखिल विश्व को कोरोना (कोविड-19) नामक महामारी से जूझना पड़ा है। उस समय लाखों की संख्या में कोरोना से ग्रसित रोगी थे, हजारों की संख्या में काल कवलित भी हो गये। इसका कारण प्राकृतिक स्वतंत्रता का दुरुपयोग एवं आत्मानुशासन का उल्लंघन है।

दर्शन तथा अनुशासन

दर्शन अनुशासन के स्वरूप को सुनिश्चित करता है। दूसरे शब्दों में अनुशासन पर दर्शनिक विचार धाराओं प्रभाव पड़ता है। किसी भी देश या समाज में अनुशासन का महत्व सर्वोपरि है। अनुशासन की भावना पैदा करने में विद्यालय एक प्रमुख घटक है। किन्तु विद्यालय का अनुशासन देश और काल की दर्शनिक विचार धाराओं पर अवलम्बित होता है, क्योंकि विद्यालयों में वही अनुशासन चलता है, जो तत्कालीन, राजनैतिक, धार्मिक और दर्शनिक सत्ताओं के अनुकूल और उनके द्वारा अपेक्षित होता है। उदाहरण के लिए प्राचीन स्पार्टा में जहाँ राष्ट्र की सुरक्षा को जीवन का सबसे बड़ा लक्ष्य माना जाता था। वहाँ कठोर सैनिक अनुशासन प्रचलित था। इसलिए गुरु को महान स्थान प्राप्त था। उनकी आज्ञा का पालन करना प्रत्येक विद्यार्थी का परम कर्त्तव्य था। वास्तव में विद्यालयी अनुशासन कठोर नियंत्रण पर आधारित होना चाहिए या पूर्ण स्वतंत्रता पर आधारित होना चाहिए यह एक दर्शनिक वाद-विवाद का बिन्दु है।

अनुशासन के दार्शनिक सिद्धांत

एडम्स ने अपनी पुस्तक modern Development in Educational Practice में अनुशासन के इन तीन प्रमुख सिद्धांतों का वर्णन किया है।

(1) दमनात्मक अनुशासन सिद्धांत

(2) प्रभावात्मक अनुशासन सिद्धांत

(3) मुक्त्यात्मक अनुशासन सिद्धांत

इसके अलावा भी कुछ अन्य दार्शनिकों के मतानुसार अनुशासन के अन्य सिद्धांत बनाए गए हैं। यथा प्रयोजनवादी दार्शनिकों जैसे जॉन डी.वी. ने **सामाजिक अनुशासन का सिद्धांत** दिया। कुछ दार्शनिक बालक में **वैयक्तिक अनुशासन या आत्मानुशासन** उत्पन्न करने की भी वकालत करते हैं। इनमें जैन तेरापंथी दार्शनिक जैसे- आचार्य तुलसी, आचार्य महाप्रज्ञ आदि प्रमुख हैं।

दमनात्मक अनुशासन सिद्धांत

यह सिद्धांत दर्शन की अति प्राचीन विचार धारा पर आधारित है प्राचीन काल में सामाजिक व्यवस्था इस प्रकार की थी कि सामाजिक नियमों एवं राज्य/ राष्ट्र के कानूनों का पालन कठोर दण्ड के भय को दिखा कर कराया जाता था। यह सिद्धांत प्रचलित था कि The King Can do no wrong अर्थात राजा द्वारा कभी कोई त्रुटि हो ही नहीं सकती। उस समय अनुशासन का तात्पर्य राजाज्ञा का पालन करना ही होता था, चाहे कैसी भी स्थिति क्यों न हो।

यही दृष्टिकोण कक्षाओं में शिक्षकों द्वारा भी अपनाया जाता था। विद्यार्थियों के लिए अनुशासन का तात्पर्य था – कक्षा में शान्ति पूर्वक बैठना व कक्षा में अच्छी व्यवस्था बनाए रखना। गुरु आज्ञा का पालन करना छात्र का प्रथम धर्म था। 18वीं शताब्दी में यूरोप में एक उक्ति प्रचलित थी– Spare the rod, spoil the child अर्थात डण्डा छोड़ा, बच्चा बिगड़ा। इस सिद्धांत के समर्थक आर्य समाज के संस्थापक एवं प्रमुख समाज सुधारक स्वामी दयानन्द सरस्वती भी थे। स्वामी दयानन्द ने पतंजलि के महाभाष्यों में निम्नलिखित उद्धरण दिया है – ''जो माता–पिता एवं शिक्षक अपनी संतान या शिष्य को आवश्यकतानुसार दण्ड देते हैं, वे अपने हाथ से उनको अमृत पिलाते हैं और जो अपनी संतान या शिष्य से अधिक लाड़-प्यार करते हैं, वे अपने हाथ से उनको विष पिला कर नष्ट करते हैं, क्योंकि बच्चे लाड़-प्यार से दोषपूर्ण और दण्ड से गुणयुक्त बनते हैं।

अनुशासन बनाए रखने का यह सिद्धांत पूर्णतया अमनोवैज्ञानिक सिद्ध हुआ है। यह अनुशासन बालक को निष्क्रिय बना देता है और उसके स्वाभाविक विकास में बहुत बड़ा बाधक है। इसमें बालक में स्वयं चिन्तन क्षमता, वाक् पटुता व सृजन– शीलता जैसी क्षमताएँ नष्ट हो जाती हैं। वह पराभिमुखापेक्षी (दूसरों पर निर्भर) हो जाता है और इस प्रकार का छात्र एक नेत्रहीन व्यक्ति के समान हो जाता है।

प्रभावात्मक अनुशासन सिद्धांत

प्रभावात्मक अनुशासन सिद्धांत आदर्शवादियों की देन है। यह सिद्धांत इस अवधारणा पर आधारित है कि बालकों में अनुकरण की प्रवृत्ति होती है। बालक शिक्षक को आदर्श (Role Model) मानता है। अतः वह शिक्षक के आचरण से शीघ्रता से प्रभावित होता है। इस सिद्धांत के अनुसार शिक्षक का प्रभावशाली व्यक्तित्व होना चाहिए। वह एक सत्य निष्ठ, सद्व्यवहारी, श्रेष्ठ आचरणकर्ता, छात्र प्रेमी तथा उच्च चरित्रवान होना चाहिए। शिक्षक को प्रेम व सहानुभूति से भरा होना चाहिए।

यह एक मध्यम मार्ग है। बालक का न तो दमन किया जाता है, और न ही उसे अति स्वतंत्रता ही दी जाती है। फ्रोबेल महोदय कहते हैं – ''बालक के ऊपर नियंत्रण उसकी रुचि के अनुसार तथा उससे प्रेम तथा सहानभूति प्रकट करके किया जाना चाहिए।''

इसकी आलोचना भी कुछ दार्शनिकों ने निम्न आधारों पर की है। यह आवश्यक नहीं कि सभी शिक्षकों का व्यक्तित्व प्रभावशाली व चरित्र पूर्ण हो यदि शिक्षक में गुणों का अभाव या दुर्गुण है तो छात्र क्या सीखेंगे? यहाँ शिक्षक स्वेच्छाचारी भी हो सकता है। वह बालक की रुचियों व स्वतंत्रता की उपेक्षा भी कर सकता है। परिणाम स्वरूप बालक के व्यक्तित्व का विकास रुक सकता है। वह अपनी मौलिकता खो सकता है। बालक यहाँ बिना सोचे-विचारे अध्यापक का अनुसरण करता है। इस प्रकार उसकी तर्क शक्ति व चिंतन शक्ति का विकास रुक सकता है।

मुक्त्यात्मक अनुशासन सिद्धांत

यह सिद्धांत प्रकृतिवाद की उपज है। रूसो, हरबर्ट स्पेन्सर आदि इसके प्रमुख समर्थक हैं। ये मानते हैं कि प्रभावात्मक अनुशासन से बालक की वैयक्तिकता की उपेक्षा होती है। रूसो के अनुसार अनुशासन वही है जो प्राकृतिक परिणामों से प्राप्त हो। बालक को कभी दण्ड नहीं देना चाहिए। उसके दोषों का परिणाम हमेशा प्रकृति द्वारा ही आना चाहिए। प्रकृतिवादी दार्शनिक अनुशासन स्थापित करने के लिए किसी बाहरी शक्ति का विरोध करते हैं। वे प्रकृति को ही बालक की सच्ची शिक्षिका मानते हैं। वे 'स्व अनुशासन' (self Discipline) व आत्म नियंत्रण (self Control) को ही सच्चा अनुशासन मानते हैं। वे बालक को उसके स्वयं के अनुभव द्वारा अनुशासन सिखाने के समर्थक हैं। बालक को दण्ड देने के स्थान पर उसे यह आभास कराना चाहिए कि बालक अपने हृदय से यह प्रण करे कि वह उस अपराध को कभी नहीं दोहराएगा। फ्रोबेल की Kinder Garton शिक्षा प्रणाली इसी सिद्धांत पर आधारित है। परन्तु इस सिद्धांत की आलोचना भी निम्न बिन्दुओं पर की गयी।

1. यदि बालक की पाश्विक प्रवृत्तियों को विकसित होने दिया जायेगा तो इसका यह परिणाम होगा कि वह बालक समाज विरोधी कृत्य भी कर सकता है।
2. बालक अबोध होता है उसे भले–बुरे की समझ नहीं होती है। अतः उसे निर्देश की आवश्यकता पड़ सकती है। परन्तु मुक्त्यात्मक अनुशासन में निर्देशन का कोई भी स्थान नहीं है।
3. बालक को पूर्ण रूप से स्वतंत्र छोड़ देने से वह अपना व समाज दोनों का अहित कर सकता है।

सामाजिक अनुशासन सिद्धांत

प्रयोजनवादी दार्शनिकों के अनुसार अनुशासन सामाजिक समझदारी पर आधारित होना चाहिए। वे अनुशासन की स्थापना के लिए बालक की रुचियों और क्रियाओं पर बल देते हैं। उनका मत है कि ये क्रियाएँ छात्र सहयोगी और सामाजिक होनी चाहिए। यदि किसी बालक को अच्छा सामाजिक वातावरण नहीं मिलेगा, तो बालक में अनुशासन भी नहीं आएगा। यदि उसे एक अच्छा सामाजिक वातावरण मिलेगा तो बालक स्वयं ही अनुशासित हो जाएगा।

बालक को एक अच्छा सामाजिक वातावरण देना पहले एक परिवार का कर्त्तव्य है तथा इसका दूसरा साधन विद्यालय है। प्रसिद्ध दार्शनिक जान डी.वी.कहते हैं। ''विद्यालय समाज का लघु रूप है।'' इस सिद्धांत के आधार पर निष्कर्षत: कहा जा सकता है कि बालकों को विद्यालय में विभिन्न सामाजिक कार्यों को करने का पूरा अवसर प्रदान किया जाए। इन कार्यों को करके ही उनमें सामाजिक अनुशासन का संचार होगा और वे सफल नागरिक बनेंगे।

विद्यालय में अनुशासन प्रायोगिक रूप में सिखाया जाना चाहिए। जैसे नैतिकता को प्रायोगिक रूप देने में ''अणु व्रत बिहार'' दिल्ली में कार्य चल रहा है। वहाँ शिक्षा संस्थानों में स्वशासित स्टोर खुल रहे हैं। उनमें विद्यार्थियों के लिए उपयोगी वस्तुएं रखी रहती हैं, साथ ही मूल्यसूची भी रख दी जाती है। वहाँ कोई विक्रेता या निरीक्षक नहीं रहता है। विद्यार्थी चीज लेते हैं और उसका मूल्य पेटी में डाल देते हैं। इस प्रयोग का लक्ष्य विद्यार्थियों में नैतिकता तथा अनुशासन का विकास करना है।

वैयक्तिक अनुशासन सिद्धांत

वैयक्तिक अनुशासन को आत्मानुशासन या आत्मनियन्त्रण भी कहा जा सकता है। इस अनुशासन के समर्थक यह मानते हैं कि बालक तब ही अनुशासनहीन होता है जब वह उचित प्यार व सुरक्षा की कमी महसूस करता है।

ऐसे बालक के कुछ लक्षण है।

1. दूसरों या घर की वस्तुएं चुराना।
2. विद्यालय न जाना या बीच में भाग जाना।
3. सहपाठियों से लड़ना-झगड़ना आदि।

अतः एक शिक्षक का परम कर्त्तव्य है कि वह बालक का उचित रूप से संवेगात्मक, एवं मानसिक विकास करे। उसे छात्रों से प्रेम तथा सहानुभूति का व्यवहार रखते हुए उनके सम्मुख अपना उत्तम चरित्र एक रोल मॉडल की तरह रखना चाहिए। जिससे उन्हें प्रेरणा मिल सके। जैन तेरापंथी दार्शनिकों ने इस पर बहुत बल दिया है।

आचार्य तुलसी ने प्रज्ञापर्व (1992) नामक पुस्तक में कहा है कि **''बच्चों पर अनुशासन से पूर्व अभिभावकों व शिक्षकों को स्वयं पर अनुशासन करना जरूरी है।''** जैन धर्म के आचार्य तुलसी सभी शिक्षकों को निर्देश देते हैं कि **''निज पर शासन फिर अनुशासन।''** आगे गुरुदेव तुलसी यह भी कहते हैं **''मैं किसी पर बलात् अनुशासन नहीं थोपना चाहता। हर शिष्य में आत्मानुशासन स्वतः जागना चाहिए। जो नियम ऊपर से लादे जाते हैं उन पर मेरा स्वयं का विश्वास नहीं है। मैं व्यक्ति के अधिकार को कुचलना नहीं चाहता हूँ। मैं आत्मानुशासन में विश्वास करता हूँ। अतः सबको आत्मानुशासित एवं स्वावलम्बी बनाना चाहता हूँ।''**

योग दर्शन में अनुशासन

योग दर्शन के रचयिता महर्षि पतंजलि ने अपने पहले सूत्र में ही अनुशासन की महत्ता को प्रदर्शित किया है।

अथ योगानुशासनम ।।1।।

यह योग का अनुशासन है।

योग श्रिचत्तवृत्ति निरोधः ।।2।।

चित्त (मन) की वृत्तियों का निरोध अर्थात सर्वथा रुक जाना ही योग है।

तदाद्रष्टः स्वरूपेअवस्थानम ।।3।।

उस समय (योग होने पर) द्रष्टा (साधक) अपने स्वरूप में ही स्थित हो जाता है। अर्थात वह कौवल्यावस्था (निर्माण) को प्राप्त हो जाता है।

लेखक के विचार से योग में भी अनुशासन निहित है योग और अनुशासन एक दूसरे के पर्याय ही हैं। महर्षि पतंजलि ने योग के निम्न आठ अंग इस श्लोक के माध्यम से बताएं हैं।

यमनियमासन, प्राणायाम, प्रत्याहार, धारणा, ध्यान समाधयोऽष्टावङ्गानि।।

अर्थात

यम, नियम, आसन, प्राणायाम, प्रत्याहार, धारणा, ध्यान, समाधि ये आठ योग के अंग (चरण) हैं। इनमें से प्रथम दो यमों व नियमों को साधने से ही प्राणि मात्र अनुशासित हो जाता है, या हम यह भी कह सकते हैं कि इन पाँच यमों तथा पाँच नियमों का पालन अनुशासित व्यक्ति ही कर सकता है।

इस प्रकार पाँच यम निम्न हैं-

1. अहिंसा (मन, क्रम, वचन से)
2. सत्य (मन, कर्म, वचन से)
3. आस्तेय (चोरी न करना)

4. ब्रह्मचर्य (मन, वचन व कर्म में शुचिता/पवित्रता)
5. अपरिग्रह (किसी भी पदार्थ पर आसक्ति न रखना)

महर्षि पतंजलि निम्न श्लोक में पाँच नियम भी बताते हैं।

शौच, संतोष, तप, स्वध्यायेश्वर प्राणिधानाति नियमः।।

1. शौच (बाह्य तथा आंतरिक शुद्धता)
2. संतोष (सब प्रकार की तृष्णाओं का त्याग)
3. तप (लक्ष्य प्राप्ति हेतु कठिन परिश्रम)
4. स्वाध्याय (नित्य प्रति अध्ययन, चिंतन, मनन करना)
5. ईश्वर प्रणिधान (नित्य प्रति परमसत्ता अर्थात ईश्वर का ध्यान करना)

अधिक विस्तार में न जाते हुए यदि प्राणि पाँच यमों एवं पाँच नियमों का अपने जीवन में साध ले तो वह पूर्ण अनुशासित व्यक्ति बन जाएगा या दूसरे शब्दों में कहें कि बिना अनुशासन के इन यमों, नियमों का साधना असम्भव है। महर्षि पतंजलि के अनुसार अनुशासन (योग) के द्वारा ही इस संसार में सर्वोच्च को प्राप्त किया जा सकता है और मृत्यु के उपरान्त मोक्ष भी प्राप्त किया जा सकता है।

बौद्ध दर्शन में अनुशासन

बौद्ध दर्शन में भी निर्वाण प्राप्ति के आठ अंग बताए गए हैं।

1. सम्यक दृष्टि (चार आर्य सत्य दुःख, दुःख का कारण, दुःख का निवारण, दुःख निवारण का मार्ग, इन चारों के लिए सम्यक दृष्टि रहे)
2. सम्यक संकल्प (सही मानवीय संकल्प/अनैतिक पदार्थ को त्यागने का संकल्प)
3. सम्यक वाक् (कडुवे और अनुचित वचनों का त्याग)
4. सम्यक कर्म (सही कर्म करने चाहिए, अनैतिक कर्मों का त्याग)
5. सम्यक जीविका (सही जीविका अपनाये, अनैतिक व्यापार का त्याग)
6. सम्यक व्यायाम (सही क्रियाएं करना, अनैतिक क्रियाओं का त्याग)
7. सम्यक स्मृति (सही स्मृतियों का ध्यान, अनैतिक स्मृतियों का त्याग)
8. सम्यक समाधि (निर्वाण पाना और स्वयं को विदेह मानना)

बौद्ध दर्शन के अनुशासन सम्बन्धी विचार जानने के लिए उनकी तीन प्रतिज्ञाओं को समझा जा सकता है।

बुद्धं शरणं गच्छामि। संघम् शरणं गच्छामि। धम्मं शरणं गच्छामि।

अर्थात बौद्धधर्म और संघ की आज्ञाओं का पालन ही अनुशासन हैं, बौद्ध दर्शन प्रारम्भ में कठोर अनुशासन पर बल देता है और बाद में संयम एवं व्यवहार पर केन्द्रित हो जाता है।

जैन दर्शन में अनुशासन

जैन दर्शन में अनुशासन, स्वनुशासन के रूप में होता है। जैन दर्शन में भोग को नहीं, त्याग को महत्वपूर्ण बताया गया है। यहाँ **अहिंसा परमो धर्म है,** यह परोपकार का प्रतिपादन करता है। इसका मुख्य सिद्धांत **live and let live** (जीयो और जीने दो) है।

जैन दर्शन में भी महर्षि पतंजलि के पाँच यमों की भाँति पंचशील सिद्धांत दिया है।

1. अहिंसा 2. सत्य 3. आस्तेय 4. ब्रह्मचर्य 5. अपरिग्रह

इन पाँच सिद्धांतों को जीवन में अपनाने वाला व्यक्ति पूर्णतया अनुशासित प्राणि होता है।

जैन दर्शन के महान दार्शनिक आचार्य तुलसी ने अपनी पुस्तक **'अलोक प्रज्ञा'** में निम्न श्लोकों में अनुशासन के स्वरूप को स्पष्ट किया है।

किं स्त्रोत: किं स्वरूपं च किं पलं चानुशासन।
स्वतंत्रता भवेत स्रोत परस्वातन्ज्यरक्षिका।।

अर्थात

अनुशासन ऐसा हो जो स्वतंत्रता को सुरक्षित रख सके। यहाँ स्वतंत्रता से आशय ऐसी स्वतंत्रता से है जो दूसरों की स्वतंत्रता में बाधक न हो। जैसा कि पूर्व में छड़ी वाली लघु कथा के माध्यम से बताया गया है।

इच्छारोध: स्वरूप स्यात प्रसाद: समताफलम्।
सुस्थिरों जायते लोक:, विद्यमानेदनुशासनेश।।

अर्थात

इच्छा का विरोध करना अनुशासन का स्वरूप है और उसका फल है समता और चित्त की प्रसन्नता। अनुशासन के फलित होने पर व्यक्ति अपने आप में सुस्थिर हो जाता है।

आर्य समाज और अनुशासन

आर्य समाज के संस्थापक एवं सत्यार्थ प्रकाश के रचयिता स्वामी दयानंद सरस्वती ने भी माता-पिता व अध्यापकों से छात्रों के मध्य कठोर अनुशासन स्थापित करने का निर्देश दिया है। उन्होंने बालकों को अनुशासित बनाने के लिए अत्यावश्यक होने पर दण्ड देने को भी उचित ठहराया है।

अनुशासनहीनता

विद्यार्थी जीवन में अनुशासन का विशेष महत्व है क्योंकि यह जीवन की सद्-नागरिकता का सोपान है। अनुशासन का तात्पर्य आत्मबन्धन की स्वीकृति होता है। जिन विद्यार्थियों में आत्मानुशासन का अभाव होता है उन्हें विद्यालय के नियम बन्धन ही महसूस होते हैं और बन्धनों को बाल सुलभ प्रकृति स्वीकार नहीं करती जिसके कारण विद्यार्थी उन बन्धनों को तोड़ने का प्रयास करता है। इसी का नाम अनुशासनहीनता है। आज छात्रों में बढ़ती हुई अनुशासनहीनता कक्षा के भीतर तथा बाहर दोनों स्थान पर दृष्टिगोचर होती है।

छात्रों में अनुशासनहीनता के कारण

छात्रों के बीच बढ़ती अनुशासनहीनता के प्रमुख कारण निम्नलिखित है।

1. व्यक्तिगत या पारिवारिक कारण
2. शैक्षिक कारण
3. सामाजिक कारण
4. राजनैतिक कारण
5. मनोवैज्ञानिक कारण

व्यक्तिगत एवं पारिवारिक कारण

1. शारीरिक व मानसिक रूप से दिव्यांग छात्रों का अन्य छात्र तिरस्कार करते हैं, उन्हें उनके नाम के बजाय अन्य उपमाओं से पुकारते हैं यथा-बैरा या बहरा, काना या कान्टेन, अंधा या सूरदास, बौंगीरा, कैंचा, लँगड़ा, टोंटा, लूला, कुबड़ा आदि। अधिकांश मंदबुद्धि, हकलाने एवं तुतलाने वाले छात्रों के द्वारा गृहकार्य न कर पाने एवं अपने विचार ढंग से न रख पाने के कारण, ऐसे छात्रों की अन्य छात्र हँसी उड़ाते हैं। जिससे झगड़े व अनुशासनहीनता की स्थिति उत्पन्न होती है।
2. कुछ बौद्धिक रूप से उत्कृष्ट अभिमानी छात्र अन्य पिछड़े छात्रों की तो मजाक उड़ाते ही हैं, शिक्षकों का अनादर व अवेहलना भी करते है। यह भी एक प्रकार की अनुशासनहीनता है। नैतिक शिक्षा के अभाव में अक्सर ऐसा होता है।
3. कुछ अभिभावक निर्धन होने के साथ–साथ निरक्षर भी होते हैं। न तो उनका शैक्षिक स्तर इतना होता है कि वे बच्चों को गृह कार्य करवा सकें, और न ही उन पर इतना धन होता है कि वे ट्यूशन की व्यवस्था कर सकें। ऐसे परिवार के बच्चे अक्सर अनुशासनहीन हो जाते हैं।
4. कुछ परिवारों के बड़े सदस्य यथा पिता, बाबा, चाचा, ताऊ, बड़ा भाई आदि ही शराब पीने, जुआ खेलने, रिश्वत लेने जैसे अनैतिक कार्य करते हैं। जिसका सीधा प्रभाव बच्चों पर पड़ता है। ऐसे परिवेश के बच्चे भी अनैतिक कार्य करते और अनुशासनहीन हो जाते हैं।
5. कुछ परिवारों द्वारा अपने ही बच्चों के बीच भेदभाव किया जाता है। जैसे लड़का और लड़की के बीच। जिससे उपेक्षित छात्र/छात्रा अनुशासनहीन हो जाते हैं।
6. कुछ माता–पिता की अपने बच्चों से अति महत्वाकांक्षी अपेक्षाएं होती हैं। जैसे अभिभावक अपने बच्चों का कक्षा में प्रथम/द्वितीय स्थान ही चाहते हैं। इससे बच्चे हीनभावना से ग्रस्त होकर अनुशासनहीन हो जाते हैं।

(लेखक के स्वरचित गीत की पंक्तियाँ हैं-अंकपत्र की स्पर्धा में, बस्ते झूल रहे। माली की चाहत की खातिर मुरझा फूल रहे)

शैक्षिक कारण

1. शिक्षक द्वारा अरुचिकर एवं अमनोवैज्ञानिक विधियों द्वारा शिक्षण करना। यह अनुशासनहीनता का एक बहुत बड़ा कारण है।
2. अवांछनीय पाठ्यक्रम
3. शिक्षक का कक्षा में छात्रों के प्रति अत्याधिक दमनात्मक रवैया अपनाना भी छात्रों में अनुशासनहीनता का प्रमुख कारण है।
4. शिक्षकों द्वारा छात्रों की व्यक्तिगत भिन्नताओं पर ध्यान न देने से भी उनका मन पढ़ने में नहीं लगता और व शरारत करते हैं।
5. कक्षा में अत्याधिक छात्र संख्या होना भी अक्सर अनुशासनहीनता का कारण बन जाता है। इससे शिक्षक सभी छात्रों पर पैनी नजर नहीं रख पाते हैं, और पीछे के छात्रों को शरारत करने का अवसर मिल जाता है। शिक्षा शास्त्रियों और शैक्षिक मनोवैज्ञानिकों द्वारा श्रेष्ठ शिक्षक छात्र अनुपात 1:25 या 1:30 बताया है।
6. कभी–कभी कक्षा कक्ष में सुविधाओं की कमी भी अनुशासनहीनता का कारण बनती है। यथा–खराब श्यामपट, समुचित प्रकाश का अभाव, बैठने का स्थान कम होना, बरसात में छत से पानी टपकना या छत पर टीन शेड से बरसात होने पर बहुत तेज आवाज आना, कक्षा में अत्याधिक मक्खी–मच्छर होना आदि। ऐसे किसी भी कारण से अक्सर छात्रों का मन पढ़ने में नहीं लगता और वे अनुशासनहीनता की ओर उन्मुख हो जाते हैं।
7. कुछ विद्यालयों की भौगोलिक स्थिति शिक्षा के अनुकूल नहीं होती है। यथा–बहुत से पुराने विद्यालय किसी मुख्य बाजार या पैंठ लगने जैसे स्थान पर होते हैं। जहाँ सब्जी और फल बेचने वालों की आवाजें, मस्जिद की अजान की आवाजों से छात्रों की एकाग्रता भंग हो जाती है, और उनका मन पढ़ाई से हटकर शरारत करने में लग जाता है।
8. विद्यालयों में नैतिक एवं धार्मिक शिक्षा और कार्यकलापों का अभाव।
9. विद्यालय में पाठ्य सहगामी एवं खेलकूद आदि क्रियाओं का अभाव।

सामाजिक कारण

1. कुछ छात्रों के घर या पास पड़ोस का कलह पूर्ण वातावरण भी अनुशासनहीनता का कारण बनता है।
2. मोबाइल फोन का बढ़ता प्रयोग सोशल मीडिया तथा इन्टरनेट का बढ़ता दुष्प्रभाव भी छात्रों के बीच अनुशासनहीनता का बहुत बड़ा कारण है।
3. यदि छात्र के घर के आस–पास का सामाजिक परिवेश दूषित होता है यथा शराबी, जुआरी व भिखारी लोगों का सामीप्य। तब भी छात्र अनुशासनहीन होकर अनैतिक कार्य करने लगते हैं।
4. आज कल टी.वी. एवं सिनेमा आदि में बढ़ती हुई अश्लीलता भी छात्रों को यौन अपराध एवं अन्य अपराध जैसे छेड़छाड़ आदि करने को प्रेरित कर रही है।

राजनैतिक कारण

ये कारण माध्यमिक व उच्च शिक्षा प्राप्त करने वाले छात्रों में पाये जाते है।

1. विश्व विद्यालयों या महाविद्यालयों में छात्र संघ व विभिन्न राजनैतिक दलों के संगठन होते हैं, जिसमें आए दिन संघर्ष देखने को मिलता है जो कभी खूनी संघर्ष में भी बदल जाता है। छात्र शिक्षा को छोड़कर अनैतिक व असामाजिक कार्यों में लिप्त हो जाते हैं।
2. कुछ माध्यमिक एवं उच्च शिक्षा के कॉलेज में शिक्षकों की गुटबन्दी एवं राजनीति भी छात्रों को कई गुटों में बाँट देती है और वे अक्सर हड़ताल व लड़ाई झगड़ों में लिप्त रहते हैं।

मनोवैज्ञानिक कारण

किशोरावस्था में छात्रों में अतिरिक्त ऊर्जा एवं संवेग होता है। अक्सर शिक्षक इस ऊर्जा व संवेग को रचनात्मक कार्यों एवं खेलकूद प्रतियोगिताओं आदि की ओर नहीं मोड़ पाते हैं तो अनुशासनहीनता की स्थिति उत्पन्न हो जाती है।

छात्रों में अनुशासन हीनता के लक्षण या स्वरूप

प्रारम्भिक शिक्षा स्तर पर

1. गृह–कार्य नहीं करके लाना।
2. विद्यालय जाने से जी चुराना, बहाने बाजी करना।
3. समय से विद्यालय नहीं पहुँचना।
4. सहपाठियों से झगड़ा करना।
5. झूठ बोलना।
6. सहपाठियों का सामान चुराना।
7. शिक्षक के पढ़ाते समय आपस में बात करना।

माध्यमिक स्तर पर

1. परीक्षा में नकल करना।
2. शिक्षकों की नकल करना एवं उनका मजाक बनाना।
3. कक्षा से बिना किसी कारण अनुपस्थित रहना या बीच में से भाग जाना।
4. माता–पिता व शिक्षक की आज्ञा न मानना।
5. कक्षा में अन्य अनुपस्थित सहपाठी की उपस्थिति बोलना।

उच्च शिक्षा स्तर पर

1. शिक्षकों का अनादर करना उनसे दुर्व्यहार करना।
2. कक्षा के समय पीछे बैठ कर मोबाइल चलाना।
3. शिक्षक के प्रश्न पूछने पर खड़े होकर उत्तर नहीं देना।
4. कक्षा के समय आपस में बातें करना, शिक्षकों की नकल करना, उनका मजाक उड़ाना।
5. कक्षा समय में विद्यालय से भागकर सिनेमा देखना या क्रिकेट मैच देखना या खेलना आदि।
6. सहपाठिनी छात्राओं को छेड़ना, उनसे दुर्व्यवहार करना।

छात्रों को अनुशासित रखने हेतु सुझाव

आज किसी विद्यालय या परिवार की श्रेष्ठता परखने के लिए पहला मानदंड है उसका अनुशासन। अच्छा परिवार/विद्यालय वही कहलाता है जिसका बालक अनुशासित है। अनुशासन को बनाए रखना ही किसी भी शिक्षक-अभिभावक का प्रथम कर्त्तव्य है। अनुशासन बनाए रखने के लिए अध्यापक को बहुत ही सावधानी पूर्वक, तर्कपूर्ण ढंग से बालकों की प्रकृति के सम्बन्ध में जानने का प्रयास करना चाहिए। एक शिक्षक को बाल–मनोविज्ञान का भली–भाँति अध्ययन करना अत्यन्त आवश्यक है। छात्रों में अनुशासन लाने के लिए प्रेम, सहानुभूति, ईमानदारी व कर्तव्य निष्ठा जैसे शक्तिशाली अस्त्र शिक्षक के पास होने ही चाहिए। अनुशासन बनाए रखने में इन्हीं अस्त्रों का प्रयोग होता है।

फ्रान्सिस पार्कर के अनुसार **''बालकों के अनुचित व्यवहार करने का कारण यह है कि उन्हें उचित व्यवहार करने की उचित परिस्थितयाँ ही प्राप्त नहीं होती है।''**

अतः अध्यापक का यह कर्तव्य हो जाता है कि वह बालकों को उचित परिस्थितिथियाँ प्रदान करें। यदि अध्यापक इसमें असफल रहता है और उसके छात्र अनुशासनहीन रह जाते हैं, तो उसका समस्त उत्तरदायित्व अध्यापक का होगा, न कि उसके छात्रों का। W.P. Shoring ने विद्यालय में अनुशासन की स्थापना के लिए तीन प्रकार की व्यवस्था बतायी हैं, जो निम्नलिखित हैं।

1. सृजनात्मक अनुशासन व्यवस्था
   Constructive Discipline System
2. प्रतिबन्धात्मक अनुशासन व्यवस्था
   Preventive Discipline System
3. उपचारपूर्ण अनुशासन व्यवस्था
   Remedial Discipline System

सृजनात्मक अनुशासन व्यवस्था

सृजनात्मक अनुशासन व्यवस्था में छात्रों से ऐसे कार्य करवाए जाते हैं, ऐसी आज्ञा या निर्देश दिये जाते हैं, जिनसे उनमें आपने आप ही अनुशासन की भावना का उदय हो, इसमें निषेधात्मक निर्देश के स्थान पर सकारात्मक निर्देश दिए जाते हैं।

1. सदैव छात्रों के सम्मुख **''अमुख कार्य मत करो''** के स्थान पर **''अमुख कार्य करो''**, जैसे निर्देश देने चाहिए। जैसे– **''शोर मत मचाओ''** के स्थान पर **''कृपया शान्त बैठो।''** **''पीछे मत देखो''** के स्थान पर **''कृपया सीधे बैठो''** जैसे निर्देश छात्रों को देने चाहिए। इनका उनके मानस पटल पर सकारात्मक प्रभाव पड़ता है।
2. बालकों को ऐसी परिस्थितियाँ प्रदान करनी चाहिए। जिससे कि उनमें सामाजिक अनुशासन का विकास हो। वे अपने अधिकारों के साथ अपने कर्तव्यों को भी समझ सकें। इसके लिए शैक्षिक भ्रमण एतिहासिक और तीर्थ स्थलों का भ्रमण, कैम्पिंग, पिकनिक–भ्रमण आदि की व्यवस्था विद्यालय के प्रशासन की ओर से होनी चाहिए।
3. विद्यालय के सभी प्रकार के कार्यक्रमों में सभी छात्रों का उच्च स्तरीय सहयोग लेना चाहिए।
4. शिक्षकों को छात्रों को मिलजुल कर कार्य करने के अवसर अवश्य ही प्रदान करने चाहिए। उनमें **''मैं''** के स्थान पर **''हम''** की भावना को विकसित करना चाहिए।
5. शिक्षक को छात्रों की रुचियों, संवेगों, इच्छाओं, आवश्यकताओं का पूर्ण रूपेण ध्यान रखना चाहिए। जहाँ तक हो सके इन्हें पूरा करने का प्रयास भी शिक्षक को अवश्य ही करना चाहिए।
6. शिक्षक को अनुशासन छात्रों पर कभी भी थोपना नहीं चाहिए। जहाँ तक सम्भव हो अनुशासन सामाजिक उपकरणों, खेलकूद गतिविधियों, आदि के माध्यम से छात्रों में आत्मनिष्ठ करना चाहिए।

7. शिक्षक को छात्र के व्यक्तित्व की उपेक्षा कभी नहीं करनी चाहिए और अनुशासन के इसी दृष्टिकोण के अन्तर्गत बच्चों को एक हद तक आदर प्रदान करना चाहिए। जैसे शिक्षक को बालकों को 'तू' के स्थान पर 'तुम' या 'आप' से ही सम्बोधित करना चाहिए।
8. छात्रों को पाठ्य–सहगामी क्रियाओं में भाग लेने के उचित अवसर प्रदान किए जाने चाहिए। जैसे रंगोली बनाना, मेहन्दी लगाना, ग्रीटिंग और पोस्टर बनाना आदि।
9. अध्यापक का व्यक्तित्व छात्रों को प्रेरित करने वाला होना चाहिए अर्थात बालकों को अनुशासित करने के लिए शिक्षक का स्वयं अनुशासित होना भी बहुत आवश्यक है। जैन तेरापंथी महान दार्शनिक आचार्य तुलसी के अनुसार **''निज पर शासन फिर अनुशासन''** ऐसा भाव शिक्षक में होना चाहिए।
10. शिक्षक द्वारा बालकों को समय के सदुपयोग की शिक्षा भी प्रदान की जानी चाहिए। हमारे विचार में समय के पाबंद व्यक्ति अपने आप में अनुशासित होते हैं।
11. शिक्षक को बालकों को सृजनात्मक खेलों में भाग लेने के लिए प्रोत्साहित करना चाहिए। जैसे – तम्बोला (हाउजी), अन्त्याक्षरी आदि।

प्रतिबन्धात्मक अनुशासन व्यवस्था

प्रतिबन्धात्मक अनुशासन व्यवस्था में बालकों पर ऐसे प्रतिबन्ध लगाए जाते हैं। जिससे कि उनमें अनुशासनहीनता उत्पन्न न हो पाए अर्थात इस व्यवस्था में छात्रों को अनुशासनहीन बनने से रोकने के उपाय आते हैं। हमारे विचार से यदि एक शिक्षक निम्न सुझावों को अपनाता है, तो उसे कक्षा में अनुशासन बनाने में काफी मदद मिल सकती है।

1. शिक्षक को कक्षा के प्रत्येक बालक का नाम ध्यान रखना चाहिए। बालकों को उनके नाम द्वारा ही सम्बोधित भी करना चाहिए।
2. शिक्षक को शिक्षण करते समय छात्रों की आँखों से प्रत्यक्ष सम्बन्ध बनाए रखना चाहिए।
3. कक्षा में बालकों के बैठने की व्यवस्था उत्तम होनी चाहिए।
4. वे बालक जो अधिगम में ध्यान नहीं दे रहे हों उन्हें नाम लेकर तुरंत टोकना चाहिए।
5. शिक्षक को पाठ बहुत ही रोचक विधि से गतिविधियों के माध्यम से पढ़ाना चाहिए।
6. यदि कोई छात्र शिक्षण कार्य में रुकावट डालने का प्रयास करता है, तो शिक्षक को उसका शान्तिपूर्ण, सम्मान जनक ढंग से परन्तु कठोर स्वर में विरोध करना चाहिए।
7. सम्पूर्ण कक्षा के सामने कभी भी किसी भी छात्र की अत्याधिक आलोचना नहीं करनी चाहिए। इससे छात्र विद्रोही स्वभाव का हो जाता है।
8. शिक्षक को छात्रों की ऐसी छोटी–छोटी बातें जिनमें अनुशासनहीनता की झलक मिले, वहीं पर रोक देनी चाहिए। ये बातें आगे चल कर गम्भीर रूप धारण कर लेती हैं।
9. शिक्षण करते समय शिक्षक को सामान्य रूप से इधर–उधर घूमते हुए अपने छात्रों का निरीक्षण करते रहना चाहिए।
10. कक्षा के अलावा भी शिक्षक को प्रार्थना सभा, मध्यावकाश एवं छुट्टी के समय अपने छात्रों की गतिविधियों का गहन निरीक्षण करना चाहिए।

आरम्भिक शिक्षण सत्र में ज्यादा दृढ़ता रखनी चाहिए। यदि आरम्भ में ही छात्रों को यह ज्ञात हो जाता है कि अमुख शिक्षक ढीला-ढाला है तो छात्र जल्दी ही अनुशासनहीन हो जाते हैं, फिर उस शिक्षक को बहुत कठिनाई होती है।

उपचारपूर्ण अनुशासन व्यवस्था
Remedial Discipline System

जब एक बालक अनुशासनहीन हो ही गया है, तब उसे कैसे सुधारा जाए, यह जानना भी एक अध्यापक के लिए परमावश्यक है। उपचारात्मक अनुशासन व्यवस्था का अर्थ है – **अनुशासनहीन बालक का उपचार करना या उसको सुधारना।** इस व्यवस्था में सर्वप्रथम तो बालक की अनुशासनहीनता का पता लगाया जाता है। जब निदान हो जाए तो फिर उसका उपचार करना चाहिए। इस व्यवस्था को निदान और उपचार व्यवस्था (Diagnosis & Treatment System) कहा जाता है।

यदि निम्न सुझावों पर अमल किया जाए तो बहुत से बालकों की अनुशासनहीनता का उपचार किया जा सकता है।

1. शिक्षक को अपने सभी छात्रों से प्रेम व सहानुभूति पूर्ण व्यवहार करना चाहिए।
2. दोषी बालक को उस समय तक अन्य छात्रों से अलग कर देना चाहिए, जब तक उसके दोष के सम्बन्ध में कोई निर्णय नहीं हो जाता।
3. दोषी बालक से उसके अपराध के सम्बन्ध में स्पष्टता से बात करनी चाहिए।
4. दोषी छात्र को जो भी दण्ड दिया जाए बहुत ही सोच समझ कर दिया जाए।
5. शारीरिक दण्ड देने के स्थान पर रचनात्मक दण्ड की व्यवस्था करनी चाहिए। जैसे पौधों में पानी देना, कक्षा-कक्ष की सफाई करवाना आदि।
6. किसी बालक के दोष एवं उसे दिए गए दण्ड के विषय में कभी भी कक्षा के सामने कोई भी वर्णन नहीं करना चाहिए।
7. यदि कभी यह पता न चले कि अनुशासनहीनता किसने की है, तो पूरी कक्षा से कठोर स्वर में अनुरोध करना चाहिए कि ऐसी अनुशासनहीनता दोबारा न की जाए।
8. जटिल मुद्दों पर छात्रों के अभिभावकों से भी सलाह-मश्विरा अवश्य ही करना चाहिए।
9. दण्ड देते समय बालक का अपमान या उपहास नहीं उड़ाना चाहिए।
10. दोषी बालक को डराना या धमकाना नहीं चाहिए।

11. जब कोई समस्या, कोई शिक्षक स्वयं, न सुलझा पाये तो उसे अन्य वरिष्ठ एवं अनुभवी शिक्षकों की सहायता लेनी चाहिए।
12. उपचार के लिए जो भी कदम उठाया जाएं, वह दोषी छात्र को समझ में आना चाहिए कि यह उसके भले के लिए ही किया जा रहा है।
13. दोषी बालक को जो भी दण्ड दिया जाए, वह उसके द्वारा किए गए अपराध के अनुरूप ही होना चाहिए।
14. किसी भी बालक को जब तक दण्ड न दिया जाए, तब तक यह पूर्ण विश्वास न हो जाए कि यह अपराध उसने ही किया है।
15. शिक्षक को यह जानने का भी पूरा प्रयास करना चाहिए कि बालक ने अपराध क्यों किया।
16. यदि अनुशासन भंग करने वाले छात्र कभी कोई अच्छा कार्य करते हैं तो अध्यापक को उनकी प्रसंशा भी करनी चाहिए।
17. बालक को दण्ड देने के बाद हर प्रकार की सावधानी रखनी चाहिए, जिससे कि बालक कोई अनुचित कार्य न कर बैठे।

उपसंहार

इस प्रकार हम देखते हैं **'स्वतन्त्रता'** और **'अनुशासन'** छात्र रूपी पतंग के लिए मुक्ताकाश और डोर की तरह है। जिनमें एक के बिना दूसरा महत्वहीन है। दोनों का महत्व इनके उचित समन्वय में ही छिपा हुआ है। छात्रों को निश्चित रूप से स्वतंत्रता मिलनी चाहिए। उनकी उचित इच्छाओं, संवेगों और प्रवृत्तियों का दमन नहीं किया जाना चाहिए। प्रजातन्त्र के भावी नागरिकों के रूप में छात्रों को स्वतंत्रता का उपयोग करने का पूर्ण अधिकार है। परन्तु हर अधिकार के साथ एक कर्त्तव्य भी जुड़ा हुआ है। यदि 'स्वतंत्रता' छात्रों का जन्मसिद्ध अधिकार है तो उनके कुछ कर्त्तव्य भी हैं। ये कर्त्तव्य हैं – अनुशासित रहना, विद्यालय के नियम व विधान-व्यवस्था का पालन करना आदि।

यदि हमें अनुशासन का सर्वोत्कृष्ट उदाहरण देखना हो तो हमें बाबा गोस्वामी तुलसीदास जी द्वारा प्रणीत श्री रामचरितमानस को आत्मसात करना चाहिए। मर्यादा पुरुषोत्तम श्रीराम के चरित्र से हम अनुशासन का पाठ पढ़ सकते हैं। हमारे मतानुसार श्री रामचरितमानस को कक्षा–6 से कक्षा–10 तक के पाठ्यक्रम में सम्मिलित करना चाहिए। इस महान ग्रन्थ के द्वारा हम एक शिष्य का ही नहीं गुरु, माता–पिता, भाई, पति–पत्नी, स्वामी, सेवक, मित्र, राजा, ऋषि आदि सभी भूमिकाओं के कर्त्तव्य एवं अनुशासन ग्रहण कर सकते हैं। यहाँ तक कि हम पशु–पक्षी आदि के चरित्र से भी अनुशासन सीख सकते हैं। हमारी बहुचर्चित बालोपयोगी पुस्तक 'बाल रामायण' भी कक्षा-4 से कक्षा-8 तक के पाठ्यक्रम के लिए सर्वथा उपयुक्त है।

अंत में जैन तेरापंथ के विभिन्न दार्शनिक आचार्य महाप्रज्ञ, आचार्च तुलसी आदि के द्वारा दी गयी अनुशासन की निम्न धारणओं के साथ इस कृति का समापन कर रहे हैं।

1. अनुशासन का अर्थ है शिष्य की विवेक चेतना को जगाना।
2. अनुशासन ही आत्मा के उच्चतम की कसौटी है अर्थात आत्मानुशासन, अनुशासन का सर्वोकृष्ट रूप है।

3. अनुशासन के लिए गुरु व शिष्य के मध्य अपनत्व व तरात्मय का होना बहुत ही जरूरी है। तब ही अनुशासन के साथ कठोरता होने पर भी उसमें प्रेम का भाव आ पायेगा।
4. किसी पर भी अनुशासन को थोपना नहीं चाहिए क्योंकि अनुशासन हृदय से स्वीकृत होता है।
5. सफल जीवन के लिए अनुशासन आवश्यक है क्योंकि अनुशासन में रह कर ही व्यक्ति अपना विकास कर सकता है।
6. अन्त में विद्यालयी सन्दर्भ में सबसे महत्वपूर्ण बात विद्यालयों में अनुशासन की शिक्षा प्रायोगिक रूप में देना चाहिए।

इति शुभम्

संदर्भ ग्रंथ सूची

1.	श्रीमद् भगवद गीता (यथारूप)	योगेश्वर भगवान श्रीकृष्ण
2.	गीतांजलि	गुरुदेव रवींद्र नाथ टैगोर
3.	श्री रामचरितमानस	गोस्वामी तुलसीदास
4.	भारत का संविधान	सुभाष कश्यप
5.	एमिल एंड एजुकेशन	रूसो
6.	मॉडर्न डेवलपमेंट ऑफ़ एजुकेशनल प्रैक्टिस	एडम्स
7.	सत्यार्थ प्रकाश	स्वामी दयानंद सरस्वती
8.	योग दर्शन	महर्षि पतंजलि
9.	मूल्यों का चौराहा	साध्वी श्री अशोक
10.	प्रज्ञा पर्व	आचार्य तुलसी
11.	आलोक प्रज्ञा	आचार्य तुलसी
12.	बौद्ध दर्शन	राहुल सांकृत्यायन
13.	भगवान बुद्ध और उनका धम्म	डॉ.भीमराव अंबेडकर
14.	समकालीन भारत और शिक्षा	सुरेश भटनागर, मुनेंद्र कुमार
15.	शिक्षा के दार्शनिक आधार	गिरीश पचौरी
16.	शिक्षा के सिद्धांत	गुरु शरण दास त्यागी,पी.डी पाठक
17.	उदीयमान भारतीय समाज में शिक्षा के आधार एवं विकास	पी.डी पाठक मंगल